PE. MAURO NEGRO, OSJ

JOSÉ E MARIA

INTERFACES DO MISTÉRIO

COLEÇÃO ESCOLA DE MARIA 10

EDITORA
SANTUÁRIO

Coordenação editorial: Ana Lúcia de Castro Leite
Revisão: Sofia Machado
Diagramação: José Antonio dos Santos Junior
Capa: Núcleo de Criação do Santuário Nacional
Imagem da capa: Antonio Batista

**Dados Internacionais de Catalogação na Publicação (CIP)
de acordo com ISBD**

N393j Negro, Mauro

José e Maria: Interfaces do mistério / Mauro Negro. - Aparecida : Editora Santuário, 2021.
56 p. ; 14cm x 21cm

ISBN: 978-65-5527-116-4

1. Religião. 2. Cristianismo. 3. José. 4. Maria. I. Título

2021-2645 CDD 240
CDU 24

Elaborado por Vagner Rodolfo da Silva - CRB-8/9410

Índice para catálogo sistemático:
1. Religião: Cristianismo 240
2. Religião: Cristianismo 24

1ª impressão

Rua Pe. Claro Monteiro, 342 – 12570-000 – Aparecida-SP
Tel.: 12 3104-2000 – Televendas: 0800 016 00 04
www.editorasantuario.com.br
vendas@editorasantuario.com.br

APRESENTAÇÃO E CONTEXTO

O Ano de São José foi proposto pelo Santo Padre o Papa Francisco em 8 de dezembro de 2020 e estendeu-se até 8 de dezembro de 2021. Esses foram os meses da pandemia de covid-19, que mexeu com toda a humanidade. Raras vezes uma geração tem a possibilidade de enfrentar, em âmbito global, um desafio como esse.

Papa Francisco, observador e perceptivo sobre a sociedade e os desafios que a cercam, encontrou em São José, esposo e pai, um modelo a ser proposto. Criativo, proativo, decidido e atento à vontade de Deus, José, o esposo de Maria e pai de Jesus, foi, nesse ano de 2021, uma fonte de múltiplas descobertas. O problema é que isso pode restringir-se a esse ano; um único ano voltado para um personagem tão rico não é concebível.

A Academia Marial, em seu Congresso Mariológico, cumpre uma função de notável importância para a Igreja do Brasil e para as academias teológicas. O estudo, a investigação e a compreensão da Teologia em torno à figura de Maria é de fundamental importância para a compreensão do Mistério de Cristo e da Igreja. Mas José, seu esposo, não é apenas uma figura a mais, meio que submersa em um cenário rico de símbolos, sentidos e indicações. Foi para completar esse cenário que este pequeno artigo foi proposto no Congresso Mariológico de 2021. É um artigo introdutório a alguns aspectos da pessoa e missão de José, junto a Maria, em função do Mistério de Cristo.

O desejo é que a importância de José, ao lado de Maria, seja uma convicção no povo cristão e católico, não apenas neste Ano de São José, mas em toda a vida da Igreja e nas muitas investigações teológicas.

1
OS EVANGELHOS: QUERIGMA E CATEQUESE

Os Evangelhos têm, basicamente, uma função dupla: fazer o querigma e a catequese. Claramente que outras funções são também possíveis e evidentes nos textos, tais como propostas morais, cumprimentos de profecias, anúncios de eventos etc. O que chama a atenção, em primeiro lugar, é a apresentação de personagens que serão importantes na vida da proto Igreja[1]. Mas é nos conceitos "querigma" e "catequese" que se pode compreender melhor a realidade dos Evangelhos. A própria palavra "evangelho" tem notável importância no conjunto fundamental de aproximação com os conteúdos da Fé.

Evangelho vem de *euaggélion,* que significa "boa notícia". Por "querigma" entende-se o substantivo neutro *kḗrygma,* derivado do verbo *kerýssō,* que é "ato de anunciar" e, por derivação, "anúncio", "proclamação" e "pregação". Já o substantivo "catequese" é derivado do verbo *katēchéō,* composto pela preposição *katá* e pelo verbo ēchéō, com significado de "ensinar mediante a palavra", "ensinar oralmente", "informar", "instruir". Então, querigma pode ser entendido por "anúncio", de modo intenso e, de certa forma, apodítica[2]; e catequese é ensino, de modo especial feito oralmente, com uma abordagem direta, de pessoa a pessoa.

Essa consideração indica que as duas atitudes, o querigma e a catequese, têm uma expressão prática, pontual na ação da Igreja. O anúncio propõe uma novidade, uma boa notícia, que é um "evangelho". E a catequese ensina a respeito desse evangelho, da boa notícia.

Note-se, também, que "evangelho" é um gênero literário, um jeito específico de escrever e propor ideias e conteúdos. É um erro ver os Evangelhos como biografias. Uma biografia é detalhada, é ampla, enfoca o personagem central com abrangência. Nos Evangelhos canônicos o personagem central é, seguramente, Jesus. E ele não é apresentado de forma biográfica, mas de forma querigmática e catequética. Isso quer dizer que o importante não é a narração do fato, mas o significado dele e para onde ele aponta, o que ele leva e como isso tudo se dá.

Além disso e com grande importância, os textos dos Evangelhos devem ser lidos justamente nesta dimensão ou perspectiva: querigmática e catequética. E tudo tem sentido em função de Jesus, Messias e Filho de Deus encarnado. É assim que os textos relativos a Maria e a José devem ter uma aproximação dos leitores. As dimensões afetivas e éticas podem ser evidenciadas, mas o que é mais importante é o dado soteriológico. O que se faz aqui é tentar esse tipo de observação. Não convém abordar os personagens Maria e José de modo independente do Mistério da Pessoa e Missão de Jesus. O que se fará aqui é essa abordagem com referência ao Senhor.

2
O TEXTO DE JOÃO 20,30-31

Em João 20,30-31 encontram-se os últimos versículos do corpo principal do Evangelho. O capítulo 21 não é, originalmente, do mesmo autor dos demais vinte capítulos, devendo ter uma abordagem particular. Nesses dois versículos do capítulo 20 encontra-se um resumo dos motivos e objetivos do Evangelho joanino:

> [30]Jesus fez ainda, diante de seus discípulos, muitos outros sinais, que não se acham escritos neste livro. [31]Esses, porém, foram escritos para crerdes que Jesus é o Cristo, o Filho de Deus, e para que, crendo, tenhais vida em seu nome.

Aqui estão três níveis de aproximação em relação a Jesus, a sua Pessoa e Missão. Isso é possível de ser observado com a construção do texto em questão.

1. Sinais [1]: Jesus como Profeta

... *muitos outros sinais*... Sinais/sinal: Um sinal aponta para algo. Em si mesmo o sinal é apenas uma passagem que indica algo maior. O importante não é o sinal, mas o que ele indica. Jesus realiza sinais no Evangelho segundo João. Eles equivalem, enquanto situação e fato, aos milagres que Ele realiza nos Evangelhos sinóticos. Em João, contudo, eles são chamados de sinais. Nos sinóticos os milagres testemunham o que Jesus veio realizar. Os milagres compõem o quadro da missão de Jesus e vão assinalando, para o leitor, que aquele mestre era o Cristo. Mas dos milagres não saem novas ideias e impressões a respeito de Jesus. O leitor, atento e conhecedor de todos os Evangelhos, vai perceber que os milagres também marcam a pessoa e a missão de Jesus. Contudo, é no Evangelho, segundo João, que vemos a expressão "sinais". Eles conduzem à identidade e missão de Jesus, ampliando-a na comunidade de Fé.

Os sinais em João são:

(1) A água em vinho em Caná (João 2,1-12);

(2) A cura do filho do funcionário real (João 4,46-54);

(3) A cura do paralítico em Betesda (João 5,1-18);

(4) Os pães em Tiberíades (João 6,1-15);

(5) O cego de nascença (João 9,1-12);

(6) A ressurreição de Lázaro (11,1-44).

O último sinal é, claramente, a própria ressurreição de Jesus.

Ocorre que esses sinais apontam para Jesus e para além de Jesus, indicando-o como profeta. Os profetas realizavam também sinais. O último personagem bíblico a fazer uma ressurreição foi o Profeta Eliseu, em 2 Reis 4,8-37. Quando Jesus faz acontecer a ressurreição de Lázaro, em João 11,1-44, todos entendem o que ele, de fato, é: Profeta. Isso também já havia sido descoberto no episódio dos pães. No Antigo Testamento, Eliseu faz alimentar muitas pessoas, em 2 Reis 4,42-44, e Jesus, em João 6,1-15, realiza de modo impressionante para os contemporâneos. Os sinais indicam, em primeiro lugar, a identidade profética de Jesus.

2. Sinais [2]: Jesus como Messias/Cristo

Depois, João 20,30-31 indica que os sinais estão ali escritos para que se descubra que Jesus é o Messias, o Cristo, e que é também o Filho de Deus. Essa é, fundamentalmente, a função do Evangelho: anunciar e demonstrar que aquele personagem histórico, Jesus, é o Profeta e é também o Messias esperado por Israel. E Ele é o Filho de Deus, de um modo absolutamente único. Esse conjunto de verdades anunciadas a respeito de Jesus estão todas em função do anúncio e da catequese sobre Ele e seu Mistério. Parte substancial disso é sua messianidade.

A messianidade de Jesus é um tema de grande importância na construção do Novo Testamento, em especial dos Evangelhos. A ideia de Messias tem origem no reinado de Davi e em sua relação com o Deus de Israel. Nasce em torno à realeza do filho de Jessé e se estabelece por diversas tradições que formam os textos bíblicos.

O Messias é um personagem eminentemente político, no que essa palavra tem de mais original e significativo. Não se trata de partidário, mas de relacional. O político é o sujeito da "polis", o que se chama de cidade. Essa, a cidade, é o lugar da convivência entre as pessoas. Isso pode passar despercebido entre os que nascem e vivem em cidades, mas é um forte conceito para quem teve a experiência de vida rural, campesina: é necessário ir para a cidade, encontrar os outros e tecer vínculos com os que estão mais distantes. Ora, a polis ou cidade, independentemente de seu tamanho, é o lugar do encontro, da convivência, das diferenças mais explícitas pois mais próximas estão as partes. Quando se diz que o Messianismo é um dado político, a expressão indica as implicações de convivência e sociedade que isso implica. Tudo vai além de uma realidade religiosa, cultual ou ritual. O Messias marca a história pois é para o qual todos olham, que todos seguem, que reúne o que há de melhor e mais importante na sociedade que se torna, assim, "messiânica" e, desta forma, "teofânica", pois o Messias age em nome de Deus, age em seu lugar, como seu embaixador.

A Messianidade de Jesus é um fato a ser muito estudado e compreendido, pois ao longo dos Evangelhos o que se nota é que Jesus tem certa distância dessa identidade. Não que ele a rejeite ou negue! O que ele faz é proibir sua divulgação. É provável que o faça justamente pela carga política que isso implica. A identidade de Messias deveria ser adquirida, não surgida ou autoproclamada. O Messias é o definidor da esperança do Povo da Aliança e Jesus está conforme essa esperança. Segundo João, os sinais, além de indicar a identidade Profética de Jesus, apontavam também para Ele como o Messias de Israel, o cumpridor e guardião das Promessas feitas aos Patriarcas e da Aliança que nele acontece de modo explícito. Todo o conjunto de elementos que o Evangelho joanino propõe em torno a Jesus leva a esta compreensão – sua messianidade, cumpridora das Promessas aos Pais e pelos Profetas, ao longo dos séculos.

3. Sinais [3]: Jesus como Filho de Deus

A filiação divina tem um duplo sentido: em primeiro lugar, um judeu é, sempre, um "filho de Deus", pois é parte de seu povo, vive sua Aliança, estabelecida com os primeiros Pais, os Patriarcas. Jesus, no texto de João, valoriza muito a pessoa de Abraão em sua identidade patriarcal. Essa identidade está em questão em muitos momentos do texto e é defendida por Jesus em estreita unidade com as palavras proféticas e com a imagem Patriarcal de Abraão, em especial nos capítulos sete e oito.

O outro sentido para o conceito de "Filho de Deus" nasceu, justamente, da identidade de Jesus, demonstrada e declarada pelos que escreveram os Evangelhos e os que os leram primeiro. É a igualdade ontológica com o Deus que é professado como único e que se revela na história. Declarar Jesus como Filho de Deus não restringe a expressão à constatação de que ele estava próximo do Deus da Aliança. Antes, liga-o à própria natureza de Deus. Não é por menos que o Evangelho joanino inicia com o Hino ao Verbo, que se faz carne, isto é, tecido humano, consciência humana, história.

A filiação divina de Jesus, no sentido ontológico, isto é, relativa a sua própria natureza intrínseca, foi um tema intensamente debatido nos chamados concílios cristológicos e trinitários dos primeiros seis séculos da Igreja. A declaração do Símbolo Niceno Constantinopolitano de origem e completo objeto, a saber, "...Deus de Deus, Luz da Luz, Deus Verdadeiro de Deus Verdadeiro...", é o resultado desta teologia: Jesus Cristo é o Filho de Deus, que entrou no mundo fazendo-se Homem, portanto tornando-se história.

Esses são alguns pontos que podem ser destacados a partir do final do Evangelho segundo João, antes do capítulo 21, que é um acréscimo. Esses elementos, frutos da meditação e pregação do Evangelho oral por parte dos primeiros cristãos, em meio a crises, perseguições e, sobretudo, às descobertas que o Evento Jesus Cristo deixou para serem compreendidas e propostas, estão todos nestes versículos 30 e 31. Eles expressam uma notável maturidade teológica compreendida sobre o Evento Jesus Cristo na História, em Israel e para a Humanidade. São o ápice de muitos outros elementos que foram sendo descobertos nas décadas que se seguiram à Pascoa. Mas precisam encontrar sua fundamentação, precisam ter seus parâmetros apresentados e argumentados em relação aos objetos teológicos que os constituem. Isso se encontra, também, nos Evangelhos de João e nos Sinóticos, bem como nos outros escritos neotestamentários. O que se verá aqui são dois aspectos ligados a Maria e a José, pais terrenos de Jesus. Esses dois aspectos não esgotam, em absoluto, as possibilidades de compreensão do Evento Cristo como História. Mas são importantes para uma visão renovada dos papéis de Maria e José neste fato: O Messias, Filho de Deus, veio ao mundo e entrou na História, fazendo a História ser lugar de Salvação.

3
MISTÉRIO

Entre muitas palavras que têm notável importância na Teologia, a palavra "Mistério" se destaca, juntamente às palavras memória, justiça, direito, transmissão, servo e outras. Mistério, por sua vez, tem pelo menos dois sentidos possíveis a serem aqui considerados.

1. Mistério ao qual todos têm acesso

Paulo, em Romanos 16,25-27, conclui sua carta afirmando:

> [25]Àquele que tem o poder de vos confirmar segundo o
> meu evangelho e a mensagem de Jesus Cristo – reve-
> lação de um mistério envolvido em silêncio desde os
> séculos eternos, [26]agora, porém, manifestado e, pelos
> escritos proféticos e por disposição do Deus eterno,
> dado a conhecer a todos os gentios, para levá-los à
> obediência da fé – [27]a Deus, o único sábio, por meio
> de Jesus Cristo, seja dada a glória, pelos séculos dos
> séculos! Amém.

Mistério aqui é a participação na vida divina, na graça da salvação, antes reservada para os que pertenciam ao povo de Israel e agora aberta a todos os que a aceitam e vão à obediência da fé[3]. Esse Mistério é o conjunto da Revelação que os gentios têm acesso pela pregação apostólica, proposta por Jesus, o Senhor e Salvador.

2. Mistério como conhecimento de Deus

Esse conceito está bem próximo do anterior e dele dependente. Pela Encarnação, Deus se tornou próximo do Homem para poder revelar-lhe, de modo direto, sua vontade e sua própria divindade, o que se dá por intermédio de Jesus. Jesus, personagem inserido na história humana e na história de um povo, o Povo da Aliança, é a intervenção decisiva de Deus. É o encontro definitivo entre Deus e o Homem, o que mais o humaniza, pois realiza a plena figura divina no ser humano. A imagem e semelhança de Deus, que todo homem vindo a este mundo partilha, atingiu seu ponto máximo na Pessoa de Jesus, que é verdadeiramente homem e verdadeiramente Deus, como afirma o Símbolo. Tudo o que nasce ou surge desse encontro é o Mistério, a própria realidade de Deus na História humana. Sendo Mistério, Deus e sua compreensão são o conhecimento do Mistério. Paulo fala também de um "conhecimento elevado".

Para construir esse "edifício" teológico são necessários fundamentos. O Evangelho segundo Marcos, que a moderna crítica exegética reconhece como o mais antigo em sua maior parte, ainda não toca nesses pontos, pois não teve tempo e premente necessidade de compreendê-lo. Mas essa será uma realidade muito presente em Mateus, Lucas e João.

3. O conhecimento, afetivo e racional, do Mistério

A pequena perícope de João 20,30-31 indica que a existência histórica de Jesus Cristo foi para levar ao conhecimento e à adesão de seu Mistério que, quando aceito e vivido, gera a vida nos fiéis, que é a partilha da vida divina, pois o homem se torna portador do "sopro" de Deus, de seu Espírito. Em João 20,19-29, texto imediatamente anterior ao que se analisou aqui, Jesus "sopra" o Espírito, transmite o Sopro santo, o Espírito Santo a seus discípulos, tornando-os, todos, capazes de Deus.

A abordagem das figuras de Maria e de José deve ser feita por essa hermenêutica: a aceitação do Mistério, que é a Encarnação e a vinda do Espírito. Como Maria, que acolheu o Espírito Santo que a fecundou, como se crê no Cristianismo, também José aceitou o Deus da Aliança, quando agiu conforme as informações do Anjo, o mensageiro celeste que se revelou em sonho. E é criativo, proativo e resiliente em sua resposta.

Maria e José precisam ser vistos como "interfaces" entre Jesus e o Mistério que ele veio revelar. Eles não devem ser buscados simplesmente por eles, pois desta forma eles serão como que heróis, valorosos agentes da história, mas não tomados pela Fé no Deus da Aliança. Eles são caminhos de Deus para a Humanidade, são as interfaces para chegar a Deus. Por isso este destaque na palavra de João 20,30-31: pelas interfaces é que se encontra com o Mistério.

4
INTERFACES

Duas faces são duas realidades distintas. Entre elas existe algo que dá acesso de uma para outra, criando assim uma relação de funcionalidade ou de comunicação. Uma interface é um meio termo, uma transição de um sistema para outro. O conceito é usado intensamente desde o advento da informática. Entre o processador com a memória eletrônica e a pessoa que o utiliza há uma interface que transforma a linguagem humana em sinais eletrônicos e vice-versa. A comunicação entre homem e máquina é possível em função de uma interface clara e objetiva.

O uso da expressão "interface" entre Maria e José, de um lado, e o Mistério, de outro lado, sugere que, embora realidades sejam distintas, há, contudo, uma comunicação entre ambas. Essa interface é importante de ser conhecida e acolhida para que a compreensão do Mistério possa ser mais nítida e acessível. Maria e José são as interfaces da compreensão do Evento Jesus Messias, Filho de Deus, presente na História.

5
MARIA: A SERVA E A HUMANIDADE

1. Relatos pós-pascais

Um elemento aqui é importante para ser compreendido e vale para José, igualmente. Os relatos envolvendo Jesus, anteriores à pregação do Reino de Deus (como se lê em Marcos, Lucas e João) ou Reino dos Céus (como se lê em Mateus, preferencialmente), são posteriores ao Evento Páscoa. São, como se diz em exegese e Teologia Bíblica e Sistemática, "pós-pascais". Isso significa que eles apresentam fatos e propõem situações que têm sentido depois da Páscoa. Aliás, estão ali narradas e propostas para que o Mistério Pascal tenha sentido. Os textos a que se faz aqui referência são Mateus 1 e 2, Lucas 1 e 2 e, de modo análogo, mas com um foco muito particular, João 1,1-18. Tais textos podem ser chamados de "aberturas dos Evangelhos".

Esses textos são respostas a um estágio posterior em relação à Evangelização inicial, quando se anunciava o Ressuscitado, em primeiríssimo lugar, pois é o impacto mais evidente na história. Depois, com o anúncio do Reino de Deus/dos céus, o anúncio e o ensino (querigma e catequese) sobre Jesus torna-

-se muito procedente. Aquele que ressuscitou e é a vida dos Homens tem propostas a fazer. Ele é o nexo entre o Antigo Testamento e a Igreja, comunidade histórica com feições escatológicas.

Maria se insere nos relatos que T. Stramare chama de "Evangelhos dos Mistérios da vida oculta de Jesus"[4]. Essa designação é oportuna e significativa, pois o centro de tudo é Jesus Cristo. A descoberta de sua origem e do sentido de sua vida compõem, grosso modo, o Mistério que será por ele revelado. A Encarnação precisou da aceitação humana, assim como a escolha de um povo para ser o Povo da Aliança necessitou da aceitação de vários homens e de várias mulheres na história. Trata-se de compreender o sentido que Maria assume na aceitação da maternidade a ela proposta.

2. O texto: Lucas 1,26-38

Não é o caso de fazer uma exegese do texto lucano da anunciação, mas alguns elementos devem ser considerados. Eis o relato:

> [26]No sexto mês, o anjo Gabriel foi enviado por Deus a uma cidade da Galileia, chamada Nazaré, [27]a uma virgem desposada com um varão chamado José, da casa de Davi; e o nome da virgem era Maria. [28]Entrando onde ela estava, disse-lhe: "Alegra-te, cheia de graça, o Senhor

está contigo!" [29]Ela ficou intrigada com essa palavra e
pôs-se a pensar qual seria o significado da saudação. [30]O
Anjo, porém, acrescentou: "Não temas, Maria! Encon-
traste graça junto de Deus. [31]Eis que conceberás em teu
seio e darás à luz um filho, e tu o chamarás com o nome
de Jesus. [32]Ele será grande, será chamado Filho do Altís-
simo, e o Senhor Deus lhe dará o trono de Davi, seu pai;
[33]ele reinará na casa de Jacó para sempre, e o seu reina-
do não terá fim". [34]Maria, porém, disse ao Anjo: "Como
é que vai ser isso, se eu não conheço homem algum?"
[35]O anjo lhe respondeu: "O Espírito Santo virá sobre ti e
o poder do Altíssimo vai te cobrir com sua sombra; por
isso o Santo que nascer será chamado Filho de Deus.
[36]Também Isabel, tua parenta, concebeu um filho na ve-
lhice, e este é o sexto mês para aquela que chamavam
de estéril. [37]Para Deus, com efeito, nada é impossível".
[38]Disse, então, Maria: "Eu sou a serva do Senhor; faça-se
em mim segundo tua palavra!" E o Anjo a deixou.

3. A "cheia de graça" encontrou graça: a "graça a teus olhos"

Esta expressão "graça a teus olhos" remete a uma etapa do cumprimento da Aliança com Abraão. Em Gênesis 18,1-15 ele recebe a visita teofânica de Deus, presente em três figuras misteriosas. Abraão, então, dirige-se a eles e, no meio de suas palavras, lê-se: *"... se encontrei graça a teus olhos..."* (18,3). Ter a graça aos olhos do Senhor é entrar em comunhão com ele.

Duas vezes o mensageiro angélico afirma, na teofania da anunciação a Maria, o conceito graça. [1] Na saudação, *"Alegra-te, cheia de graça, o Senhor está contigo!"* (1,28). Maria é "cheia de graça" porque o Senhor, o Deus da Aliança, está com ela. [2] *"Não temas, Maria! Encontraste graça junto de Deus"* (1,30). Ela encontrou graça aos olhos de Deus pois está conforme sua vontade, vive em sua presença. O Salmo 1 fala dos dois caminhos e indica que é feliz, ou "alegre", aquele que segue na Torah do Senhor: ... *seu prazer está na lei do Senhor, e medita sua lei, dia e noite. Ele é como árvore plantada junto d'água corrente: dá fruto no tempo devido e suas folhas nunca murcham; tudo o que ele faz é bem-sucedido* (Salmo 1,2-3). O "bom sucesso" obtido por Maria, que medita na Torah do Senhor, é justamente a graça a seus olhos.

Pela graça aos olhos do Senhor é que Maria, mulher bem-aventurada, expressão que é a tradução corrente de "feliz", foi depositária do Mistério da Encarnação na qualidade de escolhida como Mãe do Encarnado. É essa a qualidade que lhe dá a abertura ao Mistério e gera as consequências de sua existência.

4. Um filho no trono de David

Maria terá um filho que deverá ocupar o "trono de David". Essa é a metáfora de um Messias davídico. A Maria não é associada a herança messiânica, mas esse filho terá este destino:

o trono de David. As palavras do mensageiro são de cunho apocalíptico, pois afirmam que o reinado de quem está no trono de David não terá fim. A expressão indica longevidade e solidez para o reino. Este, por sua vez, sugere uma nova situação, uma organização onde existirá a justiça e a paz. Na realidade, esta ideia de "um filho no trono de David" tem a ver com os cantos do Servo, dimensão que será mais clara na autodenominação de Maria como "Serva do Senhor".

O primeiro canto do Servo, em Isaías 42,1-9, afirma:

> *Eu, o Senhor, te chamei para o serviço da justiça, tomei--te pela mão e te modelei, eu te pus como aliança do povo, como luz das nações, a fim de abrir os olhos dos cegos, a fim de soltar do cárcere os presos, e da prisão os que habitam nas trevas* (40,6-7).

Não se fala de reinado, mas de um "serviço de justiça". A imagem da proximidade do Servo com o Deus de Israel é semelhante àquela relação entre Deus e David. Esse texto do primeiro canto do Servo tem muito a ver com o discurso que Jesus faz na sinagoga de Nazaré e que se torna um pouco o seu programa de anúncio do Reino de Deus, como se lê em Lucas 4,16-30.

Aqui está a ideia da "Justiça", quando o texto indica que o Senhor chamou o servo para o serviço da justiça, e o relaciona, ainda que de modo longínquo, com servo que nascerá de Maria com o Justo que será seu pai, em Mateus 1,19.

O segundo canto do Servo do Senhor, em Isaías 49,1-7, afirma a respeito do Servo, nos versículos 5-7:

> *Mas agora disse o Senhor, aquele que me modelou desde o ventre materno para ser seu servo, para reconduzir Jacó a ele, para que a ele se reúna Israel; assim serei glorificado aos olhos de o Senhor, meu Deus será a minha força! Sim, ele disse: "Pouca coisa é que sejas o meu servo para restaurares as tribos de Jacó e reconduzires os sobreviventes de Israel. Também te estabeleci como luz das nações, a fim de que a minha salvação chegue até as extremidades da terra".*

... *aquele que me modelou desde o ventre materno para ser seu servo*... (v. 5), é um modelo para o filho de Maria que se sentará no trono de David. Ele está sendo preparado desde muito antes. Depois, no mesmo versículo: ... *para reconduzir Jacó a ele, para que a ele se reúna Israel*... Essa reunião de Israel é uma menção ao momento posterior de sua dispersão pela terra. A reunião será iniciada com o retorno do exílio, em 520 a.C., e é também um sinal do messianismo real. O servo tem esta característica: ele fará o retorno à unidade do Povo da Aliança. E Maria está grávida desse personagem, que se sentará no trono de David. Além disso, esse Servo, que é o Filho de Maria, será ... *luz das nações, a fim de que minha salvação chegue até as extremidades da terra* (Isaías 42,7). A realeza desse filho de Maria se completa com sua identidade de Servo, desejado e anunciado nesses dois cantos do Servo em Isaías.

O que chama a atenção nesse texto de anúncio de Jesus a Maria é a explícita identidade real do filho que ela dará à luz. A realeza de Jesus não é valorizada no texto da anunciação a José, onde o elemento messiânico-davídico é muito mais destacado. A realeza do filho de Maria, a serva do Senhor, está no sentido não de dominar, mas de criar o reino escatológico, pois *"... ele reinará na casa de Jacó para sempre, e seu reinado não terá fim"* (1,33). Um "reino sem-fim" é um reino escatológico, além da história.

5. O Filho de Deus: a Humanidade do Eterno

Depois disto, o mensageiro afirma: *"O Espírito Santo virá sobre ti e o poder do Altíssimo vai te cobrir com sua sombra; por isso o Santo que nascer será chamado Filho de Deus...* (Lucas 1,35). Em Maria a ação do Espírito acontecerá e o Santo nascerá. A palavra "Santo" é usada aqui como sinônimo de Deus. Anota-se aqui, em Lucas, uma referência à identidade divina de Jesus, proposta aos leitores do Evangelho que reconhecem ser o personagem Jesus o profeta e o Messias. E note-se que é Deus que se faz homem, não o homem que se faz Deus. Essa é uma subversão das mitologias grega e romana, nas quais homens, por missões recebidas de deuses e por muitas aventuras, tornavam-se, eles também, deuses.

O Novo Testamento, então, subverte a ideia da divinização do homem, propondo a humanização de Deus. Aqui é um Deus que se torna homem. Que vantagem tem isso para um Deus? Vantagem haveria em um homem tornar-se Deus, mas não o contrário! O anúncio do Anjo a Maria inaugura os tempos nos quais Deus se encarna, entra na História fazendo-se, ele mesmo, História. Este é o acento principal na identidade que Maria oferece a Jesus: a humanidade. Aqui está a herança que Maria oferece a Jesus: sua humanidade. Somente por um nascimento e uma concepção humana o Filho do Altíssimo poderia ser humano. Paulo, ainda que enfocando o assunto da superação dos limites da Lei, afirma em Gálatas 4,4-6: *Quando, porém, chegou a plenitude do tempo, enviou Deus, seu Filho, nascido de uma mulher, nascido sob a Lei, para remir os que estavam sob a Lei, a fim de que recebêssemos a adoção filial. E porque sois filhos, enviou Deus a nossos corações o Espírito de seu Filho, que clama: Abba, Pai!* Pela Humanidade de Jesus todos os homens podem ser filhos de Deus. E isso vem pela maternidade de Maria sobre Jesus.

6. A Serva do Senhor
Continuidade e descontinuidade com Isaías

Em Isaías, profeta muito usado na compreensão do Mistério da Encarnação,[5] encontra-se este personagem misterioso, o Servo. Ele não é apenas um personagem, mas vários personagens ou vários modos de ser Servo. Sobretudo nos cantos do Servo, que são quatro, ele é apresentado de múltiplas maneiras. Todas essas maneiras podem ser oportunas para a compreensão da ideia de Maria ser a Serva do Senhor, mas, como foi visto, isso se aplica mais ao primeiro e segundo cantos do Servo.

O Servo de Adonay realiza, em si mesmo e em suas atitudes, a salvação. Ele é o canal da Salvação de Deus oferecido a seu Povo. Sua atitude perante o Senhor é de adesão a sua Torah e de cumprimento da Profecia. Ele está à disposição da Revelação e, nele mesmo, acontece a Revelação. Ele é histórico, acontece na história e faz com que ela se torne lugar teológico de salvação. Isto é, Deus se manifesta, faz uma teofania.

Aqui está um elemento a ser considerado como consequência da geração do Servo do Senhor em Maria. Ela mesma é "serva", a Serva do Senhor. Esta é uma continuidade[6] com Isaías, que anunciava a intervenção de Deus na História por intermédio deste personagem misterioso: o Servo, em hebraico o *ebed Adonay*. Lucas, então, propõe, como base para a Encarnação, a disposição do Servo de Adonay. Mas é aqui que surge a descontinuidade, pois Maria é mulher e futura mãe. O personagem "Servo de Adonay", presente em Isaías, não há uma menção de um servo assim. É assim surpreendente a imagem da "Serva do Senhor" que a disposição de Maria se torna tema teológico, a ela relacionada. Justamente esse tema deveria ser relacionado a Jesus: Ele é o Servo, filho da Serva de Adonay, que permite que a salvação nela aconteça.

A expressão "Serva do Senhor" deve ser mais valorizada em expressões pastorais. Ela indica muito do que a Fé Cristã compreende e propõe. E tem a seu favor a origem bíblica neotestamentária, não devocional ou sentimental.

7. A interface de Maria em relação a Jesus

Maria é a interface entre Jesus e o Mistério de Deus em duas funções: maternidade da qual depende Jesus, Deus feito homem, e imagem da Serva, que a relaciona com a esperança profética. Ela acessa Jesus à humanidade. Se Jesus pôde ser conhecido como homem, pôde ter sido ouvido, tocado e pôde enfrentar a cruz para a Salvação, é pela interface de Maria, que o ligou à humanidade de modo natural, intrínseco.

E essa Maria transmitiu a Jesus a qualidade de Servo, sendo ela mesma a Serva do Senhor. Seu filho assumirá como Rei escatológico, herdeiro do trono de David, pois cumpridor do caminho do Servo do Senhor. Essa identidade de Servo é herança, interface de Maria entre Jesus e o Mistério de Deus na Encarnação.

6
JOSÉ: O JUSTO E A MESSIANIDADE

O texto da anunciação a José é a afirmação da messianidade davídica de Jesus. José, de Nazaré, mas da casa e família de David, é o transmissor dessa herança.

1. O texto de Mateus 1,18-25

> [18]A origem de Jesus Cristo foi assim: Maria, sua mãe,
> comprometida em casamento com José, antes que
> coabitassem, achou-se grávida pelo Espírito Santo.
> [19]José, seu esposo, sendo justo e não querendo denun-
> ciá-la publicamente, resolveu desligá-la em segredo.
> [20]Enquanto assim decidia, eis que o Anjo do Senhor
> manifestou-se a ele em sonho, dizendo: "José, filho de
> Davi, não temas receber Maria, tua mulher, pois o que
> nela foi gerado vem do Espírito Santo.
> [21]Ela dará à luz um filho e tu o chamarás com o nome
> de Jesus, pois ele salvará o seu povo dos seus peca-
> dos". [22]Tudo isso aconteceu para que se cumprisse o
> que o Senhor havia dito pelo profeta: [23]Eis que a virgem
> conceberá e dará à luz um filho e o chamarão com o

nome de Emanuel, o que traduzido significa: "Deus está conosco". [24]José, ao despertar do sono, agiu conforme o Anjo do Senhor lhe ordenara e recebeu em casa sua mulher. [25]Mas não a conheceu até o dia em que ela deu à luz um filho. E ele o chamou com o nome de Jesus.

2. As respostas de José

A expressão que inicia essa perícope é interessante: *A origem de Jesus Cristo foi assim...* No início do Evangelho mateano lê-se: *Livro da origem de Jesus Cristo, filho de Davi, filho de Abraão* (1,1). Parece que houve uma ruptura ou uma inserção no texto entre o título do Evangelho, que é seu primeiro versículo, e o que inicia a anunciação a José. O que o autor de Mateus deseja, ao que parece, é pontuar bem a origem de Jesus, determinando que ele é filho de David e de Abraão pela pessoa de José, herdeiro de David e Abraão. Isso é feito com a apresentação da genealogia em 1,2-16. Depois dessa interrupção, o relato da origem de Jesus, agora não mais um livro, mas uma narrativa teofânica em sonho, é introduzido pela fórmula *A origem de Jesus foi assim*.

Para a leitura desses textos é necessário considerar um dado de notável importância. Quem leu esse texto pela primeira vez, o leitor original, era um cristão de origem judaica, conhecedor das profecias do Antigo Testamento e que esperava o Messias. Ele seguia Jesus como Messias, isto é, Cristo, mas precisava entender como ele entrou na história do Povo Eleito de Deus. De onde ele herdou sua messianidade, como ele pode ser o Filho de Abraão e de David? Esse leitor deveria saber do nome dos pais de Jesus, e é justamente lá que o texto vai encontrar as interfaces para o conhecimento do Mistério que acontece em Jesus.

Maria está grávida pelo Espírito Santo, pois ela foi fecundada pelo Espírito de Deus. Isso deve ser explicado ao leitor original. Por quê? O casal ainda não coabita, mas já são considerados casados, esposos. Maria está grávida. José conhece o fato, seguramente. E aqui começam os equívocos da leitura desse texto. O que é compreensível, pois quem o lê, na atualidade, não é cristão de origem e costumes judaicos, mas cristãos que não conhecem os costumes e as realidades judaicas do primeiro século. Fica difícil de entender o que está acontecendo e o sentido das palavras e expressões que, muitas vezes, deixam algo ainda em aberto, sem uma explicação.

José é apresentado, imediatamente após a constatação da gravidez divina de Maria, como um Justo. E isso é que dá o tom de toda a narrativa. O Justo é alguém que se curva perante Deus. É quem deixa o espaço para Deus, quem permite que Deus se manifeste. O Justo sabe seu lugar e esse lugar não é próximo a Deus, pois a ele o lugar pertence. O Justo, ao encontrar Deus, ou se curva, ou cobre o rosto, ou se afasta. É isso que José tenciona fazer: afastar-se, permitindo a ação de Deus em sua noiva.

Para tanto, ele deverá respeitar o Mistério que nela acontece: a gravidez pelo Espírito Santo. Ele deve deixá-la livre, deve "desligá-la", que é uma possibilidade para substituir a expressão "repudiá-la", expressão esta que carrega uma carga muito pesada, algo como rejeição, exclusão por motivo de desagrado. Essas ideias estão, sim, presentes como possibilidades para a situação de um esposo que pede o divórcio de sua esposa, conforme as leis de Israel. Mas o que parece que acontece aqui é que José, ... *não querendo denunciá-la publicamente...* (v. 19). Por que não querendo denunciá-la? Porque ele deveria expressar a decisão de não assumir o matrimônio com Maria. Para fazê-lo, deveria dizer o que estava acontecendo. Ora, quem acreditaria na concepção por obra do Espírito Santo? Então, ele deveria dizer algo, que não poderia ser dito, pois não havia motivo para uma denúncia! Ele decide, assim, "desligá-la" em segredo. Ele saberia e ela também. Ela estaria livre, e ele, de alguma forma, receberia sobre si a culpa do abandono de Maria, pois se ela fosse desligada em segredo, ninguém saberia do fato do desligamento, e o que apareceria seria o abandono. Com José iriam as iras dos que não entenderiam o acontecido.

Então, Deus intervém, e o anjo do Senhor se manifesta em sonho. Do mesmo modo que José, filho de Jacó, no Egito, interpretava os sonhos, José, esposo de Maria e em breve pai de Jesus, deve também interpretá-los. O mensageiro celeste inicia sua intervenção afirmando a identidade do personagem: *José, filho de Davi*. O único personagem que é chamado de "filho de David" em todo o Novo Testamento depois de Jesus, é José. E não é à toa, pois é essa a identidade que José transmite a Jesus: é essa sua interface.

O anjo indica: *Não tenhas medo de receber Maria, tua mulher, pois o que nela foi gerado vem do Espírito Santo!* (v. 19). O anjo confirma o que José já sabia e afirma que ele não deve ter a atitude de qualquer Justo perante o Mistério de Deus: ele não deve temer, mas agir, dando o nome a este menino, inserindo-o na história de Israel e da Salvação.

José não deve "desligar" Maria dos compromissos de matrimônio. Não! Deve assumir esse matrimônio e acolher o Filho do Altíssimo como seu, dando-lhe o nome que lhe compete e identifica: Jesus, o Senhor é a Salvação! Assim a vocação de José se estabelece: esposo de Maria e pai de Jesus. Essa é a interface de José em relação a Jesus e o Mistério da Encarnação. E se completa em sua própria identidade de filho de David, transmissor da herança messiânica.

Os versículos seguintes não são palavras diretas do anjo do Senhor que se comunicou a José em sonho. As palavras seguintes são do autor do Evangelho, que tenta explicar o que está sendo narrado como parte da história da Salvação. Ele, o autor, relaciona o fato da maternidade divina de Maria com o anúncio do nascimento de um anterior Messias, o filho de Acaz, rei em Judá. A profecia de Isaías 7,14 adquire, assim, um sentido novo. Antes, era o anúncio de um filho para esse rei, reprovado pelo mesmo profeta Isaías devido a sua distância da Aliança. Um filho seu, que nascerá em breve, será o "Emmanuel", o Deus-conosco, que é o sentido do nome.

O leitor original do Evangelho segundo Mateus é que está entendendo tudo isso e compreendendo agora a identidade

Messiânica de Jesus, herdada de José. Ele legitima na sociedade e na história de Israel esse menino, dando-lhe o nome de Jesus. Esse nome é teofânico, significando "o Senhor Salva" ou "o Senhor Salvou" ou ainda "o Senhor é Salvação".

O escritor do Evangelho continua apresentando o que fez José ao acordar do sono: seguiu o que o anjo ordenara. Recebeu em casa sua mulher e assumiu o filho, dando-lhe o nome de Jesus. Ao leitor original o autor do texto desejou deixar claro que José não fecundou Maria até quando esta deu à luz seu filho. Note-se que, para o autor do Evangelho de Mateus e para seus primeiros leitores, não há interesse no período depois do parto. Ele não interessa, pois a missão de Maria e de José já está cumprida. Isso não importa mais. Mateus não afirma filhos posteriores ao nascimento de Jesus nem nega. Simplesmente não considera.

3. O Justo José como modelo do justo em Mateus

Os conceitos "justo" e "justiça" são importantes nas Escrituras. Eles são usados pelos Profetas e aparecem no Novo Testamento em diversos contextos. Em Mateus o ideal de justiça pode ser entendido com seu paradigma em José, que é apresentado, logo na primeira página, como "justo".

No sermão da montanha, capítulos de cinco a sete, o autor do Evangelho, segundo Mateus, apresenta a nova ordem estabelecida por Jesus. Ele é o "novo Moisés" que apresenta o "novo Decálogo" para quem entrar no Reino dos Céus. Para receber essa boa notícia, esse Evangelho, é preciso entrar na Justiça, e seu paradigma é José. O princípio é ir além do que foi escrito, ultrapassar a letra da Torah e entrar em seu âmago, em seu valor intrínseco. José, esposo de Maria e pai de Jesus, ultrapassou a Torah na medida em que permitiu que o Mistério se fizesse, em Maria e nele próprio, um ser humano.

Em Mateus 5,20 lê-se: *"Com efeito, eu vos asseguro que se vossa justiça não exceder a dos escribas e a dos fariseus, não entrareis no Reino dos Céus".* Logo depois dessa afirmação, o texto propõe várias situações nas quais o valor do mandamento está em ir além do que a Torah ensina. É o paradigma de José, que foi além.

4. O Justo que é o Servo

José é um homem justo. Em Isaías, no quarto canto do Servo, há uma imagem interessante: *Por seu conhecimento, o justo, meu Servo, justificará a muitos e levará sobre si suas transgressões* (52,11). Aqui "justo" e "servo" são dois conceitos importantes e que, associados a Jesus, encontram-se no mesmo versículo. Isso vem corroborar a ideia sinótica entre Lucas e Mateus, que é apresentado as origens de Jesus sob perspectivas, que aqui foram chamadas de "interfaces", de modos diversos. Diversos, mas não contraditórios: pelo contrário, em sintonia. A ideia de Servo foi transmitida pela anunciação a

Maria em Lucas, e a ideia de Justo pela apresentação na anunciação a José em Mateus. Mas ambas encontram, em Isaías, uma comunhão notável. Ela se dá no Justo, que é o Servo do Senhor, que justifica a muitos.

Esses elementos serão todos aplicados a Jesus Cristo/ Messias e evoluem na teologia do Messias, inspirada nos cantos do Servo. A ideia de que os textos de Mateus 1 e 2 e Lucas 1 e 2 são fruto da maturidade da Fé e da visão teológica das comunidades que os produziram é procedente. Eles constroem literariamente o personagem a partir de elementos que compõem a profecia do Servo Sofredor, no quarto canto do Servo. E José e Maria estão imersos, implicitamente, nessa descoberta teológica.

5. José, o pai do Messias Jesus

No início do Evangelho segundo João encontramos Jesus chamando seus primeiros discípulos. Filipe parece que era um entusiasta seguidor de Jesus. Assim, ele se dirige a Natanael, também chamado de Barnabé. Vamos ler em João – *Filipe era de Betsaida, a cidade de André e de Pedro. Filipe encontrou Natanael e lhe disse: "Encontramos aquele de quem escreveram Moisés, na Lei, e os profetas: Jesus, filho de José, de Nazaré"* (João 1,44-45).

Aqui Jesus é relacionado a Moisés. Significa a Torah, ou o Pentateuco, a primeira parte da Escritura. Depois é relacionado aos Profetas, que é a segunda parte da mesma Escritura. Ora, Moisés e Profetas são o que definem o povo judeu e sua esperança. Quando Filipe apresenta Jesus dessa maneira, está afirmando que ele é o sentido do que esperavam. Praticamente afirmam que Ele é o Messias, o esperado. E esse Messias chama-se "Jesus, filho de José". José define o israelita Jesus. Os cristãos devem aprender mais sobre isso.

7
JESUS: PESSOA E MISSÃO DEFINIDOS POR MARIA E JOSÉ

As interfaces de Maria e José, o papel deles de ligação, de acesso ao Mistério que existe em Jesus, estão na ordem da humanidade e da identidade da Serva, em Maria, e da messianidade de um Justo que também é Servo, em José.

1. Deus que se faz Homem: Encarnação

Os capítulos do que se chamam, segundo Tarcisio Stramare, "Evangelhos dos Mistérios da Vida Oculta de Jesus", relacionam esse período da vida de Jesus, anterior à pregação do Reino de Deus, com a ação de Deus nos homens e nas mulheres que tocaram esse momento. Aquilo que identifica a Pessoa e a Missão de Jesus está ali elencado e valorizado.

Maria, na anunciação que recebe do mensageiro divino, acolhe Deus em seu próprio físico, tornando-se a matriz do Filho de Deus. A Encarnação constitui o mais fundamental evento de Salvação operado por Jesus Cristo. Ela direciona tudo o que vem em seguida: o anúncio do Reinado dos Céus e o Mistério Pascal. Os primeiros leitores dos Evangelhos, tanto de Mateus quanto de Lucas, esperavam compreender como que Jesus, Profeta, Messias e Filho do Altíssimo, pôde entrar na história. Uma mulher, uma Serva do Senhor, como o Servo de Isaías, aceitou a missão e permitiu que o Mistério se fizesse, nela, História.

2. O Servo, que nasceu da Serva do Senhor

Jesus, Filho do Altíssimo, Filho de Maria e Filho de José, assume a identidade do Servo do Senhor, cantado por Isaías em quatro cantos, e, no último deles, o quarto, em Isaías 52,13–53,12, ele é o Servo sofredor. É isso que ele assume. Ele é o Servo, Filho da Serva do Senhor, como se lê em Lucas 1,38. Esse servo, que é também o Messias davídico, justifica a muitos, pois age na vontade de Deus. Jesus é, por sua obediência à Salvação, o Servo de Adonay. Essa interface de Maria define Jesus no Mistério da Encarnação.

3. Homem Justo, Filho de David: Conhecer, compreender e propor José

O Servo de Adonay, Jesus, o Senhor, é Filho do homem Justo, que sabe seu lugar perante a ação de Deus na História e permite que ela caminhe. Jesus pode ser, por causa da pessoa e missão de José, o Messias davídico, o rei que se sentará no trono real, pois José lhe transmitiu essa herança. Essa interface de José define Jesus no Mistério da Encarnação.

José é grande, importante e decisivo na caminhada de Fé. Ainda que tudo isso possa ser dito, ele é ainda desconhecido e pouco amado entre nós. Isso entristece os que o amam e com ele se emocionam. Contudo, também é um estímulo para que ele seja conhecido, compreendido e proposto como paradigma de homem de Deus.

É preciso admitir que em torno a São José existem algumas ideias erradas e alguns equívocos, que se expressam nas devoções e nas interpretações artísticas a seu respeito. Devemos olhar José a partir da Revelação bíblica e relacionado intimamente ao Mistério da Redenção que se estabelece na entrada de Deus na História, que chamamos de Encarnação. Isso tudo nasce do Antigo Testamento e dá origem ao Novo, centrado em Jesus, que depende de José para existir em torno a Jesus Cristo. É preciso três movimentos em torno a José: conhecimento, compreensão e proposição.

1. Conhecer José. José aparece no Novo Testamento, de modo especial no Evangelho segundo Mateus. Nos capítulos 1 e 2 desse Evangelho, José entra em cena, age, reage, faz a história acontecer. Os primeiros escritores da Igreja que se referiram a José foram Inácio de Antioquia (falecido entre 107 e 110), Justino, Mártir (que viveu entre os anos 100 a 165, aproximadamente), Ireneu de Lyon (que viveu no século II d.C.), Clemente de Alexandria (entre os anos 150 a 216, aproximadamente), Hipólito de Roma (170 a 235) e muitos outros.[7] É importante indicar isso, pois, às vezes, afirma-se que São José, fora os Evangelhos, era desconhecido na literatura cristã antiga. O caso é que ele não ocupava o lugar mais destacado dos argumentos teológicos, e sim Jesus Cristo. Aos poucos, quem despontou para ser compreendida foi Maria, Mãe de Jesus. E isso se desenvolveu notavelmente na antiguidade. José, por sua vez, ficou meio na sombra. Mas é hora de conhecê-lo e amá-lo!

Para conhecer José é preciso olhar os Evangelhos, de modo especial, como indicado anteriormente, o Evangelho segundo Mateus. Depois, compreender o conjunto da mensagem Cristã, presente no Novo Testamento. E olhar os escritores antigos, desde o primeiro século até aqueles do século 17. A partir desse século, José é mais destacado na Teologia e na Pastoral. Mas o que chama a atenção é que, apesar disso, há muita limitação na compreensão de seu papel na Salvação e na Fé Cristã. Ele é facilmente visto de modo mais folclórico e, inclusive, mal interpretado.[8]

Esse ponto é oportuno de ser introduzido como tema, pois trata-se de perguntar "por que isso?" José foi apresentado, na devoção e na arte, de um modo que se pode dizer "curioso", pois quando aparece está em posição de dúvida, até de confusão; ele é um mero apoio humano, quase "folclórico" em alguns textos e meio ambíguo na situação. Isso parece vir de três fatores: – A separação de José de seu contexto israelita original: ele é considerado sem ser de Israel, sem estar em sintonia com as tradições proféticas e com as expectativas messiânicas. Então, está separado da Revelação bíblica e da esperança do Povo da Aliança. – A influência notável da literatura apócrifa, que nasce em grande medida, quase que totalmente, distante das mesmas fontes israelitas, quase que as rejeitando. Isso faz de José um personagem que se conduz de modo solitário, sem referência, sem entender e mesmo sem estar ligado a seu contexto. Ele é um fato quase que "caído do céu", como se diz para algo inesperado. – A arte sacra e religiosa obtém desse conjunto de elementos citados as suas fontes, e aqui estão aquelas representações de José à margem da Encarnação, duvidoso e altamente desconfiado do que está acontecendo, influenciado pelo tentador a deixar a missão e presença. Ele está ali, idoso, ambiguamente provendo à jovem Maria de apoio e defesa, e totalmente gasto pelos anos, preservando sua integridade física.

Os fatores que aqui foram elencados, ao que parece, nascem das leituras parciais de Mateus e da distância que o Cristianismo tomou do mundo de Israel. Na atualidade, a procura do Jesus Cristo histórico pode colaborar para uma maior compreensão do papel de José no Evento Cristo como obra do Pai na história. Claro que isso exige mais teologia, mais investigação histórica, mais disposição em perceber os textos bíblicos em seus gêneros literários e contextos históricos. Exige também conhecimento dos apócrifos e diálogo com os antigos escritos cristãos. E pressupõe que algumas representações artísticas e devocionais devam ser revistas e até excluídas, pois elas dependem e nasceram das visões e interpretações que aqui foram indicadas como inconsequentes.

2. Compreender José. Partimos do princípio de que José é um personagem histórico, ainda que carregado de interpretações teológicas. Ele é proposto de modo a compor o quadro da Encarnação, mas vem das tradições que afirmam a origem de Jesus no seio das expectativas messiânicas. Não é por acaso que Mateus inicia o texto evangélico com a indicação "Livro da origem de Jesus Cristo, filho de Davi, filho de Abraão" (1,1). Então, José é um judeu fiel, do primeiro século de nossa era. Sua família era a de Davi, como lemos em Mateus, no capítulo um. Ele tinha, portanto, como se diz, "sangue real". Era dessa família que deveria nascer o Messias. Tanto é que, na anunciação, em sonho, o anjo o identifica como "Filho de David". Os únicos personagens chamados de "filho de David", em todo o Novo Testamento, são Jesus e seu pai, José.

José, fiel e filho de Davi, é um homem decidido, que não espera as coisas acontecerem, mas sim as faz, coloca em andamento os fatos. A fidelidade é a qualidade de quem tem Fé. Essa não é esperar ou obter coisas boas e favoráveis. É sobretudo aderir ao Mistério de Deus. Fidelidade, qualidade da Fé e da pessoa de Fé, é um traço forte na personalidade de José, o que é alcançado com retidão, com atenção ao que é importante, com clareza nas ações.

Durante muito tempo, no ocidente e nas devoções populares, o personagem José foi visto mais como um fazedor de milagres, tipo "impossíveis". Isso atrai muito a atenção dos devotos, que precisam de soluções rápidas. Então se entende o que dizem alguns místicos sobre São José, como "São José não falha!", no sentido de que realiza tudo o que se pede. Sim, isso pode ser, e é real. Mas José é mais do que isso!

José sabe o que está acontecendo com Maria, diversamente do que se diz, muitas vezes, que ele estava "atrapalhado", "confuso", "envergonhado"... Isso é absurdo! José sabia e conhecia que, em Maria, estava acontecendo a ação de Deus. Se ele planejou afastar-se de Maria, não era porque desconhecia o motivo de sua gravidez, mas sim porque sabia e tinha certeza da ação de Deus. Por isso ele decidiu afastar-se, dando espaço para Deus na vida de sua esposa. Isso é ato de Fé e, certamente, de amor, não confusão ou vergonha.

O caso é que não conhecemos devidamente as realidades dos israelitas da Palestina no início do primeiro século, bem como dos cristãos que receberam o Evangelho segundo Mateus, e que compreendiam devidamente as ações dos personagens ali apresentados. Ora, José está comprometido em casamento com Maria. Seguramente desejavam partilhar a vida e criar uma família, possivelmente numerosa. Subitamente, algo extraordinário aconteceu na vida desses jovens. Maria deveria ter seus 14 a 16 anos, e José não podia ultrapassar os 25 anos. A identificação de José como idoso vem, como sabemos, de alguns escritos do século segundo em diante, chamados de "apócrifos", que descrevem José de modo diferente do que se conhece no Evangelho. A função da "velhice" de José é pragmática na ação: defender a virgindade de Maria. Um idoso, de mais de 90 anos, não poderia tocar na intimidade de uma jovem de cerca de 15 anos. Mas isso não está em Mateus ou Lucas, nem é muito lógico!

Então, José é um jovem de Israel, atento à ação de Deus na História, como os antigos Patriarcas o foram. Como Abraão, ele percebe que deve caminhar na Fé, confiando. Mas antes disso ele decide afastar-se de Maria, pois nela Deus estava agindo. Ora, José é "justo", isto é, um dos que estão profundamente marcados pela ação de Deus e o respeitam inteiramente. Por isso é que ele, José, decide afastar-se de Maria. Não é porque está envergonhado ou atrapalhado, mas porque sabe, realmente, o que está acontecendo.

Isso, contudo, gera um problema: como deixar um compromisso de matrimônio sem um bom motivo? Dizer a verdade não iria ajudar, pois talvez Maria e José cairiam em descrédito. É assim que José toma a corajosa decisão: decide "desligar" Maria de seus compromissos de matrimônio, mas em segredo. Apenas ela e ele saberiam. Mais ou menos assim: eles sabiam o motivo, mas os outros pensariam que José havia deixado, abandonado Maria, que estaria esperando um filho dele.

É real que, nas traduções do Evangelho de Mateus, nós lemos: *José, seu esposo, sendo justo e não querendo denunciá-la publicamente, resolveu* ***repudiá-la*** *em segredo* (1,19). Se tomamos o verbo "repudiar" e o traduzimos por "desligar", tudo passa a ser compreendido melhor. "Repudiar" dá a ideia de rejeitar, afastar de modo agressivo. Mas não é essa a realidade. Para José parecia que ele deveria "desligar" Maria dos compromissos do matrimônio, pois ele, José, por ser justo, sabia que devia afastar-se de Maria, dando espaço para Deus em sua vida. Ocorre que a palavra que se encontra lá, em Mateus 1,19, pode ser traduzida, do grego para o português, não apenas como repudiar, mas como desligar. Não sei por que essa tradução de "repudiar" é a comum. Ela é a usada e, infelizmente, transmite uma imagem inadequada da situação que envolve José e Maria, no momento decisivo da Encarnação. Então, seria melhor ler e propor assim: *José, seu esposo, sendo justo e não querendo denunciá-la publicamente, resolveu* ***desligá-la*** *em segredo.*

3. Propor José. Propor o personagem José é apresentar, aos fiéis, um elemento indispensável da vida de Jesus Cristo e de seu Evangelho: sua humanidade e sua história concreta.[9] José representa o mundo circundante de Jesus, sua identidade histórica, sua Fé judaica e sua visão de mundo iluminada pelo Mistério que ele conheceu antes de todos os demais: a presença do Filho de Deus, o Messias esperado por Israel e agora oferecido à Humanidade. Ao redor de José e sob sua proteção, o Filho de Deus entra na história de modo decisivo, sem mediações. Ele precisa nascer, crescer, aprender, escolher, se expor. Tudo isso é José que acolhe em Jesus, que o ensina, que transmite. José é o educador do Filho de Deus.

Podemos e devemos propor José como modelo de Justo, que é a pessoa fiel à vontade de Deus, aos compromissos que nascem na realidade em que vivemos. José é fiel. E é pai! Em Lucas 2,48, quando Jesus é reencontrado no Templo, depois de três dias de sua procura, Maria pergunta e afirma: *"Meu fi-*

lho, por que agiste assim conosco? Olha que teu pai e eu, aflitos te procurávamos!" Maria não receia indicar José, seu esposo, como pai de Jesus. E Jesus, por sua vez, afirma que deveria estar na casa de seu Pai, que é o próprio Deus. E de onde ou de quem Jesus aprendeu a paternidade? Claramente que de José, que ele devia chamar de pai.

A proposta de José na teologia, na devoção e na arte é a inserção de Jesus no tempo e no espaço de sua humanidade e pertença ao Povo de Israel. No paralelo com o processo em torno a Maria é possível compreender o caminho lá feito e o necessário a ser agora realizado. Entre os séculos III e V, quando se discutiu a identidade humana e divina de Jesus, percebeu-se que o papel de Maria era importante e fundamental. Ela passou a ter uma abordagem destacada e os sistemas de pensamento gregos vieram ao encontro do debate teológico, permitindo a compreensão do Mistério de Jesus. Na atualidade, em que a História e a Cultura têm importância, é preciso retornar à matriz histórica de Jesus, onde se encontra José. Ele também, como Maria, está envolto em camadas de expressões teológicas e percepções de Fé das primeiras gerações cristãs que, no caso do Evangelho segundo Mateus, são de origem, identidade e pensamento israelita.

Por isso sugerimos, no que é relativo à difusão de São José: [1] Ao argumentar e propor José, partir do dado bíblico e da tradição mais confiável, que está na Patrística, e que alguns autores propõe em obras interessantes, válidas e oportunas.[10] [2] Depois do dado bíblico e traditivo, observar as práticas devocionais com os princípios lá obtidos, descartando, não ostensivamente, o que não corresponde àquele conjunto de elementos. [3] Ao indicar uma obra de arte, propor sua origem, seu contexto, sua possível autoria. E conhecer a teologia que está apresentada em forma pictórica ou estuaria. Isso deve se aplicar também a obras literárias, musicais e de outros gêneros artísticos.[11] [4] Fazer uma necessária seleção do que é bom, do que corresponde e do que não, à natureza do "fato José", que está sempre em função de Jesus e em apoio a Maria e à Encarnação. Isso é discernir o que conduz ao Mistério e o que gera folclore e facilmente desvia do que a Fé propõe e a Esperança alimenta. [5] Olhar José no horizonte da Igreja, da Esperança cristã, na confiança de os pobres, os "anawin"[12], que agora são os discípulos de Jesus Messias e filhos de uma Igreja desprendida de seguranças, devem viver.

Claro, tudo isso é fácil de se falar, escrever e sonhar, mas nem sempre de viver com intensidade, especialmente o que é de opção de vida e critério de ação moral. Mas o que é teológico e, por assim dizer, "técnico", é possível de ser realizado se, antes de agir, apresentar para alguém que pode ter um olhar crítico, sugestivo e propositivo. Estamos no caminho carismático apresentação de São José em um mundo que carece da imagem e do papel claro do pai e da paternidade[13], do significado do ser cristão e do conhecimento da Palavra. Estamos em uma sociedade que não valoriza a juventude como momento e evento da vida, mas como consumidores e reprodutores de comportamentos em vista do múltiplo consumo passional. E estamos também em uma Igreja que procura responder às necessidades de seu tempo e da história, com riscos políticos e sociais intensos. Mas é uma Igreja que pode saber dialogar com a arte, a ciência e a tecnologia. Então, José é atual como nunca!

Propor José é entender melhor a paternidade, a realidade humana, a identidade de cada pessoa. Propor José é entender que a Salvação acontece nas decisões pessoais, nos compromissos de vida e de história. É enxergar a Fé e a Esperança de modos diferentes, renovados, muito concretos e reais. É crer na Justiça e na verdade do que dizemos que aderimos.

CONCLUSÃO: UM ANO MARIANO E JOSEFINO

Trata-se, sobretudo, de estabelecer três movimentos em torno à figura de São José: sua Teologia, sua Liturgia e sua história e devoção.

– Por Teologia entende-se a interpretação bíblica; a compreensão sistemática e as perspectivas éticas.

– Por Liturgia entende-se os formulários litúrgicos para as várias celebrações, análise e contextualização. A isso somam-se as expressões artísticas, ainda que não estejam todas ligadas à liturgia. Aqui poderiam entrar as expressões artísticas sacras, especialmente os ícones, e as expressões religiosas mais clássicas.

– Por história e devoção entende-se o histórico da abordagem de São José em épocas históricas e como isso foi apresentado, com quais conteúdos, teologias ou ideologias.

Muitos elementos ficam ainda excluídos nessa tríplice organização de observação, estudo e difusão de São José e seu lugar na Salvação. Mas esses ajudam a formar uma consciência mais coerente sobre sua Teologia.

Pe. Mauro Negro
Congregação dos Oblatos de São José. Professor de Teologia Bíblica na PUC São Paulo e Faculdade São Bento, São Paulo. Secretário do Centro de Espiritualidade Josefina, Apucarana PR. Administrador Paroquial Paróquia Nossa Senhora de Loreto, São Paulo, SP.
E-mail: mauronegro@uol.com.br
Curriculum lattes: lattes.cnpq.br/7336763863592990

NOTAS

[1] O conceito de "proto Igreja" indica a Igreja original, formada pelos primeiros seguidores de Jesus, ainda sem quaisquer tipos de estruturas. Refere-se ao período do discipulado com o Jesus histórico, isto é, que caminhou pela terra, reuniu os discípulos e os instruiu; depois foi perseguido e morto e passou pela Ressurreição. E o mesmo tempo da proto Igreja adentra para os primeiros momentos depois do Evento de Pentecostes, quando a vida da Comunidade formada pelo Espírito Santo começa a agir na história.

[2] Isto é, de forma intensa e determinada.

[3] Esse conceito, "obediência da fé", é também um conceito a ser considerado de modo mais profundo. Ele compõe grande parte da teologia do Novo Testamento.

[4] Tarcisio STRAMARE. *Vangelo dei Misteri della Vita Nascosta di Gesù*. Bornato in Franciacorta: Casa Editrice Sardini, 1998.

[5] Resultado disto é a presença frequente de Isaías nos textos litúrgicos do Advento e do Natal.

[6] O princípio de "continuidade" tem a ver com um tema que aparece em um dado contexto (livro, Testamento, circunstância vital etc.) e que se repete em outro contexto, mantendo o princípio ou a teologia que antes expressava. A continuidade é um dado importante para a consideração de temas teológicos, de imagens e mesmo de evidências históricas. O contrário, princípio de "descontinuidade", é a ruptura com o que se esperava que fosse apresentado ou valorizado. Tal fato é tão notável que muda a teologia ou gera uma nova teologia. Pode também indicar que o texto apresenta dados historiográficos, pois a mudança de enfoque em momentos fundamentais deve ser entendida com fidelidade historiográfica ou mudança de teologia.

[7] Cf. a respeito Tarcisio STRAMADE. *San Giuseppe:* dai Padri della Chiesa agli scrittori ecclesiastici fino a San Bernardo. Napoli: Editrici Domenicana Italiana, 2009, 200 p. (Collana Testimoni, 5)

[8] Cf. Tarcisio STRAMARE. *San Giuseppe nella Sacra Scrittura, della Teologia e nel Culto*. Casale Monferrato: Edizione Piemme di Pietro Marietti, 1993, especialmente as páginas 253-434.

[9] Ver o trabalho, prático e oportuno, de José Antonio BERTOLIN. *100 questões de josefologia*: miniabordagem sobre a Teologia de São José. Curitiba: Congregação dos Oblatos de São José, 1999.

[10] Cf. Tarcisio STRAMARE, *op. cit.* Cf. também seu mais recente trabalho: Tarcisio STRAMARE. *San Giuseppe*: fato religioso e teologia. Camerata Picena: Shalom Editrici (2008).

[11] Cf. os critérios e as perspectivas esboçados em Edson IKEDA. São José na iconografia: fundamentos e desdobramentos. As expressões sacras de São José indicam a compreensão do Mistério de Deus em sua história e na vida da Fé. In: CONGREGAÇÃO DOS OBLATOS DE SÃO JOSÉ. *Conferências do 6º Congresso Teológico e Pastoral de São José:* Curitiba, 7 a 12 de novembro de 2017. Curitiba: Edição do autor, 2017, p. 319-341.

[12] Cf. o trabalho de Mario GUINZONI. A insondável vida interior de São José. In: CONGREGAÇÃO DOS OBLATOS DE SÃO JOSÉ. *Conferências do 6º Congresso Teológico e Pastoral de São José:* Curitiba, 7 a 12 de novembro de 2017. Curitiba: Edição do autor, 2017, p. 170-205.

[13] Cf. a respeito Marcionei Miguel da SILVA. *José no Mistério da Encarnação.* São Paulo: Paulinas, 2010.

ÍNDICE